LE RÔLE

DE NOS COLONIES

DANS L'APRÈS-GUERRE

PAR

E. DU VIVIER DE STREEL

PARIS
AUGUSTIN CHALLAMEL, ÉDITEUR
RUE JACOB, 17
Librairie Maritime et Coloniale
1916

LE RÔLE
DE NOS COLONIES
DANS L'APRÈS-GUERRE

PAR

E. DU VIVIER DE STREEL

PARIS
AUGUSTIN CHALLAMEL, ÉDITEUR
RUE JACOB, 17
Librairie Maritime et Coloniale
1916

LE RÔLE DE NOS COLONIES

DANS L'APRÈS-GUERRE

Nul ne peut ignorer aujourd'hui qu'après la guerre commencera sur le terrain économique une lutte aussi ardente, aussi acharnée, plus périlleuse peut-être pour nous que celle qui se poursuit en ce moment sur les champs de bataille.

Il ne peut nous suffire, en effet, d'avoir sauvé notre honneur, conquis une gloire impérissable, assuré notre intégrité territoriale et même augmenté notre patrimoine des richesses indispensables à notre expansion économique comme l'air est indispensable à la vie humaine — vous comprenez que je fais allusion ici aux gisements houillers de la région rhénane —, d'avoir fait rentrer dans le giron national des enfants chéris qui en avaient été arrachés avec une odieuse barbarie, il faut encore assurer à tous les citoyens qui auront si vaillamment conquis le droit de vivre plus heureux, les moyens d'élever leurs enfants à l'abri de la misère ou de la gêne, de réédifier leurs foyers détruits, de reconstituer leurs épargnes dissipées et de récolter sur le domaine des réalités matérielles, les fruits tangibles de la victoire.

Le temps n'est plus où le butin des vaincus suffisait pour assurer aux vainqueurs une existence oisive et fastueuse dans les palais d'une Babylone ou d'une Capoue.

Aujourd'hui, les guerres coûtent; elles coûtent même très cher; — 93 millions par jour pour la France seule, déclarait il y a peu

1. Conférence faite à Paris, le 21 mars 1916, sous les auspices de la Société de Géographie Commerciale de Paris; à Lyon, le 3 mai, sous la présidence de M. Herriot, Sénateur et Maire de Lyon; à Bordeaux, Rouen, Saint-Étienne, Roanne, etc.

de temps notre Ministre des Finances, 500 millions pour tous les belligérants, assure-t-on d'autre part, — et elles procurent des bénéfices dont la valeur est plus morale que matérielle, ou tout au moins, n'est pas aisément ni rapidement « mobilisable ». Après la guerre, notre fortune nationale sera réduite d'un tiers. En même temps, nos charges budgétaires doubleront par suite de nos emprunts, de la réparation des dommages publics et privés et du service des pensions ; on nous parle déjà d'un budget futur de 11 à 12 milliards !

Ces charges nouvelles, la France peut les supporter à la condition qu'elle fasse dans l'ordre économique un effort comparable à celui qu'elle vient d'accomplir et qu'elle poursuit sans lassitude dans l'ordre militaire.

Permettez-moi de vous citer à cet égard des chiffres qui me paraissent contenir un précieux encouragement :

Avant la guerre, notre fortune nationale était à peu près égale à celle de l'Allemagne : environ 280 milliards; elle produisait cependant un revenu moindre de moitié : 30 milliards au lieu de 60 milliards. Qu'est-ce à dire, sinon que nous avons, fort heureusement, devant nous, une très appréciable marge pour progresser et qu'avec plus de travail, une organisation dont nous n'aurons demandé la formule ni aux faux rhéteurs ni aux mauvais Mandarins, avec des méthodes plus modernes et le prestige que donne le succès, nous pourrons accroître nos revenus dans une mesure qui nous permette non-seulement de faire face aux charges résultant de la guerre, mais encore de reconstituer et d'augmenter même notre richesse nationale. Pour atteindre ce but il faut, reconnaissons-le, la coalition de toutes les forces intellectuelles et morales de notre pays. Il faut nous imposer, à tous les degrés de la Société, un labeur dont nous avons peut-être été tenté, depuis quelques années, d'oublier la nécessité et les vertus ; il faut encore et tout d'abord une préparation immédiate, patiente et passionnée.

C'est à cette préparation que doivent consacrer leur volonté et leur énergie tous ceux auxquels n'est pas assigné un rôle actif et direct dans la Défense du territoire.

Pour mener à bien cette tâche, il n'y aura jamais trop d'ouvriers !

Les problèmes de demain.

Innombrables, en effet, sont les problèmes qui se posent à nous pour l'après-guerre : problème de la repopulation, de l'alcoolisme, de la décentralisation, de l'enseignement secondaire et professionnel, de l'organisation du crédit, du développement de l'outillage national, de la marine marchande, de la main d'œuvre et des rapports du capital et du travail, problème des approvisionnements nécessaires à notre industrie dépourvue de stocks; sans parler des problèmes d'ordre politique auxquels je ne veux même pas faire allusion ici.

Parmi tous ces problèmes, il en est un qui m'apparaît, à l'heure actuelle, comme le plus grave et de la solution duquel dépend, avant tout, la reprise de la vie économique dans notre pays et notre succès dans la lutte de demain : c'est celui des approvisionnements nécessaires à notre industrie. Sans ces approvisionnements, en effet, toute activité nous serait impossible et la restauration de nos forces serait irrémédiablement compromise. La solution de ce problème ne peut venir, à mon avis, que de notre Empire colonial. C'est lui qui peut et qui doit être notre pourvoyeur de matières premières, ce qui lui permettra d'être du même coup le plus important consommateur de nos produits fabriqués : c'est par lui que nous devons échapper aux difficultés financières et à l'appauvrissement de nos forces menacées par la gangrène d'un change dévorant; c'est grâce à lui que nous pourrons par un excédent abondant d'importations faire rentrer peu à peu l'or fugitif dans nos coffres anémiés, supprimer le cours forcé et restaurer notre situation monétaire.

C'est ce que je voudrais établir devant vous ce soir, en vous montrant non seulement que mon affirmation est justifiée en principe, mais qu'elle peut l'être en fait et par quelles méthodes il est possible d'arriver rapidement sur le terrain des réalisations à des résultats remarquables.

Je m'excuse d'avance de l'aridité de mon sujet, de l'abondance des chiffres qui en hérisseront encore l'âpreté; je m'excuse de ne pas le traiter avec l'optimisme sceptique qui favorise le bon sommeil. Le devoir du Conférencier n'est-il pas, avant tout, de dire la vérité et de s'inspirer du précepte latin : *Amicus Plato sed magis amica veritas.*

Si présomptueux que ce soit pour un industriel qui n'est conférencier que dans l'espoir de servir une cause qui lui est chère, j'ose espérer que par l'ardeur de ma foi et l'évidence de ma thèse, j'aurai la bonne fortune d'entraîner des convictions, d'éveiller de nouvelles et vaillantes initiatives, et de trouver à mes idées des appuis, des concours et des encouragements.

*
* *

Je voudrais, tout d'abord, vous montrer l'effort contre lequel nous avons à lutter, l'insuffisance actuelle de notre riposte, la fausse voie dans laquelle, à mon avis, nous nous engageons en nous occupant de nos débouchés plus que de nos moyens de production, et les obstacles qui nous empêcheront de nous assurer, à l'étranger, dans la mesure nécessaire, ces moyens de production.

J'essaierai d'établir ensuite comment notre Empire colonial peut nous sauver.

La préparation allemande pour la lutte économique prochaine.

Les problèmes de l'après-guerre préoccupent nos ennemis à un point dont on ne se rend pas suffisamment compte dans notre pays. Tout ce que vous avez lu dans la presse sur ce sujet, ne donne qu'une faible idée de ce que préparent réellement les Allemands pour s'assurer demain sur le terrain économique la victoire qu'ils sentent leur échapper sur le terrain militaire. Pour vous donner une idée de leur effort, dites-vous qu'il est au moins égal à l'effort militaire dont vous constatez en ce moment avec tant de netteté l'énergie et la continuité.

Dans tous les pays neutres, nos ennemis ont effectué des achats considérables de matières premières pour approvisionner leurs industries. Ces achats faits au début de la guerre ou l'an dernier dans de bonne conditions et au moment où les disponibilités étaient encore abondantes en Allemagne, ont été d'excellentes spéculations car, ils permettront à nos concurrents d'outre-Rhin de nous rétrocéder, à des prix majorés du double, une partie de leurs approvisionnements, de telle sorte que les stocks qu'ils conserveront leur coûteront fort peu. Le prix de revient des marchandises qu'ils offriront au lendemain de la guerre, en sentira malheureusement le favorable effet. Ce n'est pas là une affirmation fantaisiste; les chiffres sont là pour la justifier : je n'en citerai que quelques-uns. La fonte qui valait 50 sh. à la déclaration de guerre et 65 en octobre 1915, en vaut 82 aujourd'hui; le cuivre, aux mêmes époques, est passé de 55 livres à 70 pour arriver à 132; le plomb, de 19 livres à 25 pour atteindre 34. Le zinc est passé de 25 à 103 livres.

Nos ennemis achètent en Amérique du Sud ou aux États-Unis le blé, le bétail, le coton, la laine, le cuivre, le plomb, le caoutchouc, les viandes de conserves, les machines; en France même ou dans nos colonies, ils essayent, par l'entremise de neutres, d'accaparer les articles dont ils auront besoin quand la vie économique reprendra.

Ils font ces achats avec une méthode remarquable. Les marchandises doivent être livrées en Allemagne 60 jours après la guerre, ou tenues à la disposition des acheteurs dans des magasins situés à proximité des ports de l'Atlantique où des bateaux allemands sont internés. Certaines livraisons ont même été faites déjà à bord de ces bateaux.

Des journaux américains signalaient récemment que les corsaires internés à Norfolk, *le Kronprinz Wilhelm* et *l'Eitel Frederick*, avaient été complètement remis à neuf et chargés de matériel jusqu'aux passerelles, de telle sorte que le lendemain de la signature de la paix, ils pourraient prendre la mer et apporter en quelques jours à Hambourg ou à Brême les instruments de travail grâce auxquels les usines allemandes pourront retrouver immédiatement leur ancienne activité. Entre temps d'ailleurs, les équipages des bateaux internés tâchent d'employer leurs loisirs de la façon la plus profitable. Un Brésilien me racontait récemment qu'à Pernambuco, un paquebot de la *Hamburg America* était enfermé depuis le début de la guerre. Le commandant du navire a fait débarquer le personnel et le matériel de son restaurant, et installé près du port un café où il cherche à attirer la société élégante de la ville. Comme par hasard, ce lieu de délices a été baptisé par ce commerçant avisé du nom prometteur de « Café de Paris ».

Nous savons aussi que dans les pays neutres, il reste beaucoup d'Allemands qui n'ont pas été mobilisés et qui continuent à entretenir et à maintenir les relations commerciales entre leur patrie et ses clients étrangers.

Nous savons enfin que le Gouvernement allemand a demandé à toutes les usines qui ne travaillaient pas pour la guerre de préparer d'énormes stocks en vue de la prochaine reprise des affaires et qu'il leur a consenti, à cet effet, des ouvertures de crédit illimitées.

La préparation française.

Qu'avons-nous fait de notre côté en face de pareils efforts? Jusqu'ici, peu de chose. Il y a eu quelques initiatives privées isolées, il n'y a pas eu d'initiatives gouvernementales. Depuis deux mois, cependant, il semble qu'on commence à s'émouvoir, dans certaines associations, des problèmes d'après-guerre; peut-être est-ce le commencement d'une action effective à laquelle les pouvoirs publics se décideront peut-être à participer, et l'on est ainsi amené à se demander si la prolongation des hostilités en permettant à cette action de se produire n'aura pas, au point de vue économique, sauvé notre pays des plus redoutables éventualités.

Malheureusement, les programmes étudiés jusqu'ici en France, commettent la grosse erreur, à mon avis, de s'inquiéter surtout des dispositions à prendre pour substituer les marchandises françaises aux marchandises allemandes sur les marchés neutres, c'est-à-dire qu'ils s'arrêtent plutôt au côté commercial de la question, en négligeant son côté industriel.

Je crains qu'on ne se laisse hypnotiser un peu trop par le mirage des marchés extérieurs.

Non que je prétende qu'il faille renoncer à étendre nos affaires à l'étranger après la guerre, particulièrement chez nos alliés. Nous devons nous efforcer de prendre la place de nos ennemis, chez ceux-ci, tout au moins quand ils nous le permettront; mais, chez les neutres la tâche sera infiniment plus malaisée. Nous y rencontrerons nos alliés; nous y rencontrerons les Américains que la guerre met en état de nous handicaper. Ils viennent de constituer, dit-on, à cet effet, un Syndicat au capital de 250 millions, qui malheureusement a la partie belle en face des alliés quelque peu décimés; nous y rencontrerons aussi nos ennemis qui ne cachent pas, dès aujourd'hui, leur intention d'inonder le monde de marchandises à vil prix dès que la liberté des mers sera rétablie.

Devant les avantages que nos concurrents seront probablement mieux à même que nous de consentir à leurs acheteurs, il nous sera difficile, au début tout au moins, de lutter avec succès, ou, en tout cas, avec profit.

Les ventes à l'étranger, d'ailleurs, sont toujours des opérations qui enrichissent moins un pays que les ventes faites sur son marché intérieur. Et cela se conçoit, si l'on songe qu'une vente représente un profit non-seulement pour le vendeur mais encore pour l'acheteur, si bien que le profit est double pour la nation si acheteurs et vendeurs sont sur son territoire.

Les faits le démontrent péremptoirement. A quoi les États-Unis doivent-ils leur extraordinaire développement économique sinon à ce que leur marché intérieur est le principal consommateur de la production nationale? N'est-ce pas aussi à son Empire colonial et à la marine dont il a assuré dans une large mesure la prospérité, que l'Angleterre doit d'être le pays le plus riche du monde? — Par contre, le monde industriel allemand se plaignait véhémentement avant la guerre de ne pas s'être enrichi en proportion de l'effort industriel et commercial qu'il avait fourni : il réclamait à cor et à cri un marché privilégié. C'est principalement pour lui trouver et lui donner ce marché que Guillaume II qui s'est toujours fait le serviteur des intérêts matériels de son peuple, a déchaîné le conflit actuel. Mars n'a été en cette circonstance que le spadassin de Mercure.

Ayons présent à l'esprit ces enseignements pour chercher, quand les circonstances le permettront, sur notre marché intérieur, et j'entends par là aussi, notre marché colonial, les débouchés nécessaires à notre industrie plutôt que sur les marchés extérieurs qui pourraient nous réserver de pénibles déceptions.

En tout cas, qu'il s'agisse de l'un ou de l'autre marché, notre industrie ne peut y placer ses produits qu'à la condition de pouvoir fabriquer : or, pour cela, il lui faut des matières premières.

Les munitions de paix.

De la question des matières premières il ne semble pas qu'on se soit beaucoup préoccupé jusqu'ici. On cherche des débouchés pour des marchandises qu'on n'est pas sûr de pouvoir produire, et l'on ne fait rien ou à peu près, pour constituer les approvisionnements sans lesquels notre industrie se trouvera paralysée.

Si l'on persistait dans ces errements fâcheux, la France risquerait de se trouver à la fin des hostilités privée de ce que j'appellerai les « munitions de paix », comme elle s'est trouvée, au début, dépourvue de munitions de guerre. Voulons nous connaître encore les angoisses vécues d'il y a seize mois!

Le bon sens indique cependant que notre industrie ne peut travailler sans les éléments de fabrication qui lui sont indispensables; il faut donc, à tout prix et avant tout, se préoccuper des moyens de lui procurer ces éléments, qui, pour une très large part ne peuvent être trouvés sur notre sol Métropolitain.

Le problème des approvisionnements est délicat d'ailleurs, et sa solution présente de grosses difficultés, car il ne suffit pas de pouvoir acheter, il faut encore pouvoir payer ses achats.

Avant la guerre, la France équilibrait ses engagements à l'étranger avec les créances qu'elle avait à recouvrer hors de son territoire. La balance lui était plutôt favorable.

Nos importations dépassaient bien nos exportations de

1.500 millions; nous payions en outre à la marine étrangère pour le transport de nos marchandises 4 ou 500 millions par an; mais par contre, nous encaissions des coupons de valeurs étrangères et nous recevions de nos visiteurs, Américains ou autres, des apports d'or importants. Cette situation se manifestait pour nous par un change favorable qui ne nous faisait pas payer à l'étranger le tribut onéreux que nous subissons en ce moment et qui représente 15 à 20 % du montant de nos achats.

Après la guerre, la situation sera toute différente : nous aurons, en effet, à faire face à des besoins énormes pour reconstituer les stocks de nos usines complètement épuisés, pour réédifier et outiller les établissements détruits par l'ennemi, et réparer les énormes dégâts et dommages causés par son occupation; nous serons pour tous les produits et marchandises en présence d'une hausse qui, pour beaucoup d'entre eux, représente actuellement 100 pour % des prix antérieurement pratiqués. Nous aurons aussi à supporter pendant longtemps des frets onéreux.

Deux exemples suffiront pour vous donner une idée de l'aggravation probable de nos charges. Le charbon, qui est le pain de nos usines, manque à la France, en temps ordinaire, dans la proportion d'environ un tiers de sa consommation : pour 60 millions de tonnes consommées, nous en importions avant la guerre 20 millions de tonnes. Or, le prix de ce charbon a passé de 23 francs la tonne à 90 francs. Il a donc à peu près quadruplé.

Pour les frets, l'augmentation est plus considérable encore : on paye en ce moment pour le transport du charbon d'Angleterre à Marseille de 100 à 130 francs par tonne, au lieu de 8 à 15 francs payés jadis. Au lieu de verser 400 millions d'or par an aux armateurs étrangers, nous risquons d'avoir à leur payer, après la guerre, de 2 à 4 milliards. En fait, nous avons payé l'an dernier, hors de France, principalement en Angleterre, 2.800 millions de frets, et l'on parle de 4 à 5 milliards pour 1916. Cette situation du marché des frets ne se modifiera guère quand la paix sera rétablie, étant donné les besoins énormes qui se manifesteront dans tous les pays et la diminution assez considérable de la flotte marchande de l'Europe.

J'ai évalué à 5 milliards pour la première année et 3 milliards pour chacune des trois ou quatre années suivantes l'excédent probable de nos engagements vis-à-vis de l'étranger sur nos créances, soit environ 16 milliards en quatre ans, et je crois cette appréciation exagérément optimiste.

Comment paierons-nous nos achats à l'étranger?

Comment pourrons-nous acquitter une telle dette annuelle? La France ne peut exporter son or; c'est un crime justement puni de mort par les anciennes lois, disait jadis Colbert; il aurait encore raison aujourd'hui; si la punition n'a pas été maintenue, le crime subsiste. Si la France commettait ce crime, elle compromettrait irrémédiablement son crédit et la valeur de son papier monnaie, sans se tirer d'embarras d'ailleurs, car elle ne possède qu'un stock d'or d'environ 8 milliards.

Elle ne pourra pas davantage se libérer en vendant ses titres étrangers. Les actions et obligations étrangères que contenait le portefeuille français à la fin de 1913, représentaient une valeur de 42 milliards; mais cette valeur a été réduite de près d'un tiers par suite des changements que le taux de capitalisation a subis pendant la guerre. Nous avons déjà remis à l'étranger, notamment aux États-Unis et en Angleterre, quelques milliards de valeurs destinées au paiement des dépenses faites par nous dans ces pays depuis vingt mois, et nous continuerons. Nous avons, d'autre part, des titres dont la valeur libératoire ne peut être escomptée par nous et qui, pour divers motifs, ne seraient pas admis en paiement par nos créanciers : 11 milliards de titres russes, 2 milliards et demi de titres autrichiens, 2 milliards de titres turcs et serbes, 2 à 3 milliards de titres bulgares, roumains et grecs. Il nous sera donc tout à fait impossible de payer à l'aide de titres étrangers les sommes considérables qui correspondraient au montant des achats nécessaires pour notre industrie.

Faudra-t-il réduire ces achats? Ce serait paralyser notre production, causer dans tout le pays une crise désastreuse, nous ôter tous moyens de faire face aux charges résultant de la guerre et de rembourser notamment à la Banque de France les milliards que l'État lui a empruntés. A cette solution nous ne pouvons songer. Coûte que coûte, nous devons fournir à nos usines les matières premières qu'elles transforment et grâce auxquelles elles pourront réaliser les bénéfices dont dépend la reconstitution de nos forces économiques. Que faire alors? Le problème m'apparaît angoissant. N'ai-je pas raison de dire qu'il n'en est pas de plus grave et dont dépende davantage l'avenir économique de notre pays au lendemain de la guerre?

Les optimistes disent, il est vrai, que si nous sommes victorieux, on nous fera crédit. N'y comptons que dans une très faible mesure.

Ce serait la pire des folies de nous faire, à cet égard, de trop grandes illusions. Après la guerre, les neutres, et nos alliés eux-mêmes, dans une certaine mesure, je le dis sans aucune animosité et avec toute la réserve qu'un pareil sujet impose en ce moment, redeviendront pour nous des concurrents ayant souvent intérêt, individuellement sinon collectivement, à empêcher notre développement pour profiter de notre faiblesse et occuper la place que nous laisserions vacante. C'est, avant tout, sur nous-mêmes et sur nos propres ressources qu'il nous faut compter. Ces ressources existent. Nous allons voir qu'elles se trouvent sur notre territoire colonial.

Adressons-nous à nos Colonies.

Quand on dépouille le tableau des importations de l'étranger en France pour l'année 1913, on constate, en effet, que sur 7.800 millions de marchandises de provenance étrangère (les produits coloniaux n'entrent pas dans ce chiffre), il y a plus de 4.700 millions qui comprennent des articles qui, pour la plupart, ne pourraient pas être produits dans la Métropole, mais qui peuvent tous l'être dans nos Colonies. Les principaux sont :

634 millions de laines,
576 — de coton,
474 — de Céréales,
354 — de Soie,
280 — de Minerais,
264 — de Produits oléagineux,
220 — de Peaux,
210 — de Bois,
205 — de Café,
117 — de Vins,
104 — de Lin,
103 — de Caoutchouc,
85 — de Légumes divers,
74 — de Plumes,
73 — de Jute,
67 — de Pâte à papier.

Pourquoi n'allons-nous pas chercher dans nos Colonies ces matières premières dont nous avons un pressant besoin? Nous n'aurions pas à les payer en or, et nous serions assurés en même temps que l'accroissement de nos achats dans nos possessions entraînerait immédiatement une augmentation des exportations de la Métropole dans ces mêmes possessions pour une valeur à peu près équivalente, de telle sorte que nous trouverions, sur un marché privilégié, des débouchés nouveaux que nous sommes certains de ne pouvoir nous procurer avec autant de facilités et autant d'avantages sur les marchés étrangers.

Pourquoi ne pas s'être préoccupé de cette question avant la guerre, et ne pas y attacher aujourd'hui toute l'activité de nos efforts?

La plus grande France.

Parce qu'en France trop peu de personnes savent que nous avons des colonies ou, tout au moins, se doutent des ressources qu'elles offrent à la Métropole.

On ignore en France, non à l'étranger, que notre Empire colonial comprend 42 colonies dont la superficie totale représente près d'un milliard d'hectares, soit 20 fois la superficie du territoire de la Métropole, avec une population de 40 millions d'habitants, susceptible de s'accroître d'une façon indéfinie et rapidement si l'on veut s'y attacher. On ignore que le commerce extérieur de ces colonies représente à peu près le 1/5 du commerce extérieur de la France : 3 milliards au commerce spécial pour 15.301 millions en 1913!

Hors de France, on connait mieux notre richesse. Nos concurrents, les Allemands surtout, cherchaient depuis quelques années à s'en assurer les profits, si bien que le commerce de la Métropole avec ses colonies (Afrique du Nord mise à part) était devenu inférieur à la moitié du commerce total de celles-ci. La part de la France dans notre commerce colonial (possessions méditerranéennes exclues) atteignait en 1913, 534.739.622 francs pour 1.242.547.481 francs. Sur 641 millions de produits, exportés de nos colonies, les étrangers en recevaient 368. Leur envahissement a pris sur certains points des proportions angoissantes. Au Dahomey, par exemple, la part de la France dans les exportations de produits du cru, est tombée en 1913 à 4.165.525 francs, quand la part de l'Allemagne a atteint 10.155.837 francs.

C'est pour nos colonies pourtant que nous faisons la guerre actuellement. Peu de Français s'en doutent; le fait est pourtant indéniable. Si l'Allemagne a déchaîné le conflit qui ensanglante aujourd'hui l'Europe, c'est surtout parce qu'elle voulait s'approprier notre domaine colonial. Cela ressort de la façon la plus formelle, du télégramme que Sir Goschen, ambassadeur d'Angleterre à Berlin, adressait à Sir Edward Grey, à la date du 29 juillet 1914, de même qu'il est établi que si l'Angleterre s'est jetée dans la mêlée, c'est parce qu'elle a jugé que « la France, sans qu'on lui enlevât de territoire en Europe, pourrait être écrasée par la seule perte de ses possessions, au point de perdre sa position de grande puissance et de devenir subordonnée à la politique allemande ». (Dépêche du 29 juillet de Sir Grey à Sir Goschen.) Combien, vous le voyez, l'importance que nos ennemis et nos alliés attachent à notre empire colonial est plus grande que celle que nous y attachons nous-mêmes!

Oui! il faut l'avouer avec tristesse, nous n'avons pas su faire comprendre et admirer assez chez nous, notre œuvre coloniale, qui, cependant, constitue incontestablement le plus beau chapitre de l'histoire de la troisième République.

Le Parlement s'y intéresse à de trop rares intervalles. Le parti socialiste la voit d'un mauvais œil; il la présente comme une des causes de l'aggravation de nos charges budgétaires, ce qui est bien inexact, et ne veut pas y voir l'instrument de nivellement par le haut qui devrait mériter toute sa bienveillance. Il ne pense pas non plus que la mise en valeur de nos colonies aura pour effet la diminution du coût de la vie, aussi avantageuse pour le budget ouvrier que l'augmentation des salaires.

Cette indifférence déplorable pouvait trouver une excuse quand nous considérions notre Empire colonial comme un objet de luxe; mais, il n'en est plus ainsi aujourd'hui. Il faut nous décider à voir dans nos possessions un actif de première nécessité, dont l'exploitation doit assurer notre vie, et sans l'aide duquel notre existence même pourrait être compromise. Il faut que notre patriotisme fasse violence à notre inertie et nous arrache le voile qui retenait les compagnons d'Ulysse autour de l'enchanteresse Circé!

Quelles matières premières peuvent nous fournir nos Colonies?

Je sens qu'il ne m'est pas permis de me contenter d'affirmer que nos colonies peuvent alimenter nos usines : si avertis que vous soyez des choses coloniales, si confiants que vous puissiez être en mon affirmation, vous me demanderez, et je vous dois quelques précisions.

Le temps dont je dispose me contraint cependant à me borner à des indications très sommaires, et à vous demander d'admettre que j'ai étudié mon sujet avec assez d'attention et de scrupule pour ne pas vous jeter en de grossières erreurs.

Je vais donc passer en revue rapidement les principaux produits dont la Métropole s'approvisionne à l'extérieur au lieu de s'adresser à nos colonies, et je vous indiquerai les régions de notre Empire colonial qui seraient en état de se substituer aux fournisseurs étrangers mangeurs d'or.

Laines. — Nous en importons pour 634 millions (2.590.000 quintaux), et nos colonies nous en fournissent seulement pour 14 millions (96.800 quintaux).

Vous comprenez de suite combien un tel chiffre est dérisoire quand on le met en regard de la superficie d'un milliard d'hectares que je rappelais tout à l'heure. Cette observation d'ordre général peut d'ailleurs s'appliquer à tous les articles que je vais énumérer. En réalité, toutes nos colonies se prêtent à l'élevage du bétail : vous savez tous que les moutons prospèrent admirablement en Algérie, et qu'on peut de même en élever au Maroc.

L'Afrique Occidentale, l'Indo-Chine, les Nouvelles Hébrides peuvent nous faire aussi des envois de laine intéressants. Toutefois, je me hâte de dire qu'il faut prévoir que, pour ce produit, nous resterons tributaires de l'étranger pendant assez longtemps encore.

Coton. — Nous en achetons au dehors pour 576 millions. Je suis de ceux qui pensent que nous devons arriver à nous passer presque complètement de l'étranger pour cet article. Pour y aboutir, il n'y a qu'une difficulté à résoudre : celle de la main-d'œuvre au Soudan; elle n'est pas insoluble. Bien que les essais faits, avec succès pourtant, n'aient pas donné lieu, jusqu'ici, à un grand développement de la culture sur les bords du Niger et au Cambodge pour des motifs qu'il serait trop long de vous énumérer, on peut dire que les produits obtenus dans ces deux colonies s'y développent parfaitement et y sont de qualité très satisfaisante : mon ami Brenier, hier encore directeur de l'agriculture et du commerce en Indo-Chine, rappelait récemment, dans une conférence, que les usines du Lancashire s'étaient, il y a quelques années, déclarées prêtes à acheter en grande quantité nos cotons du Cambodge. — On espère également pouvoir cultiver le coton au Maroc, dans la vallée du Sebou. La question, cependant, ne paraît pas encore complètement élucidée.

Soie. — Nous achetons à l'étranger pour 270 millions de soies grèges, 76 millions de bourre de soie et 21 millions de tissus. L'Indo-Chine nous fournit seulement pour 415.250 francs de soies grèges, 510.510 francs de bourre de soie et 70.000 francs de tissus.

De l'avis des personnes les plus autorisées, la production de notre Colonie pourrait être considérablement accrue. C'est l'opinion de notre attaché commercial en Extrême-Orient, M. Pila, qui séjourna longtemps dans ces pays et qui est, je crois, l'un des hommes qui connaissent le mieux la question de la soie; il estime toutefois qu'il y a quelques espèces dont notre industrie lyonnaise aura pendant longtemps encore besoin de s'approvisionner en Chine; mais, elles ne représentent qu'une faible partie de nos achats à l'étranger. On peut donc demander un gros effort dans ce sens à nos Colonies d'Extrême-Orient.

Céréales. — Nous importons en France pour 474 millions de céréales étrangères et 83 millions seulement de céréales d'origine coloniale.

L'un des soucis les plus impérieux du Gouvernement devrait être, dès aujourd'hui, d'éviter radicalement toute importation de céréales de l'étranger après la guerre. Demandons à la Métropole d'augmenter ses rendements et pour le surplus, exigeons-le de nos Colonies.

Voici pour le froment, l'avoine, l'orge, le seigle et le maïs, l'importance respective en poids et valeurs de nos achats à l'étranger et aux colonies :

		POIDS QUINTAUX MÉTR. —	VALEUR —
FROMENT	Étranger......... ..	14.429.397	302.295.867
	Algérie-Tunisie.....	1.127.120	33.588.176
AVOINE	Étranger...........	4.901.887	84.067.362
	Algérie-Tunisie.....	902.929	17.877.994
ORGE	Étranger...........	475.517	7.560.720
	Algérie-Tunisie.....	684.868	14.074.037
SEIGLE	Étranger...........	465.186	7.349.939
	Algérie-Tunisie.....	1.195	21.391
MAÏS	Étranger...........	4.817.777	72.748.433
	Indo-Chine	1.090.394	16.465.025

Une grande partie du froment, de l'orge et du seigle que nous demandons à l'étranger, pourrait nous être fournie par le Maroc. C'est du moins l'opinion que j'ai recueillie de la bouche des personnes les plus autorisées.

Pour le maïs, l'Indo-Chine et le Dahomey peuvent aisément nous alimenter. S'il n'en était pas ainsi avant la guerre, c'était en partie parce que leur production était attirée vers d'autres destinations.

Je ne parle que pour mémoire de l'appoint que constitueraient les farines de riz, de bananes et de manioc.

Minerais. — Pour les minerais, il est indéniable que la richesse de nos colonies est considérable. Leur exploitation n'est qu'une question d'argent. Qu'on leur fournisse des capitaux, elles enverront du minerai. Pour le cuivre, néanmoins, nous n'avons pas de données tout à fait certaines. Il semble pourtant qu'avec le Gabon et le Maroc, nous puissions obtenir tout le tonnage nécessaire à nos usines.

Produits oléagineux. — Les produits oléagineux sont parmi les produits les plus intéressants de nos colonies. L'industrie des corps gras, à la suite des découvertes du professeur Sabatier de Toulouse, concernant la purification et la solidification des huiles par hydrogénation est en train de subir une révolution, qui aura comme résultat final, à mon avis, d'amener à la consommation alimentaire toutes les huiles végétales. Ces découvertes ont provoqué en Angleterre, en Allemagne, aux États-Unis, la construction d'usines colossales pour transformer en beurre les huiles des cocotiers d'Extrême-Orient et des palmiers africains : la France qui avait été un précurseur pour le beurre de coco (végétaline), s'est laissée, sur ce terrain, complètement devancer.

Il n'est pas possible que cette situation ne se modifie pas, étant donné les ressources dont nous disposons en matières premières. Nous sommes, en effet, à même de produire en arachides, sésames, coprah, amandes de palmes et palmistes des quantités représentant une valeur bien supérieure à celle de nos importations actuelles, notamment en Indo-Chine et dans nos colonies du Sénégal et de la Côte-d'Ivoire, du Dahomey, du Gabon, où existent déjà des peuplements naturels de palmiers considérables.

Peaux. — Toutes nos colonies peuvent apporter leur contribution à l'approvisionnement en peaux de notre marché, principalement l'Afrique du Nord, l'Afrique occidentale et Madagascar.

Bois. — Nous importons pour 210 millions de bois. Dans ce chiffre, le bois tendre, le sapin, entre pour une large part, et nos colonies qui ont d'immenses richesses forestières, contiennent actuellement peu de bois tendres. Notre Gabon exportait pourtant 120.000 tonnes d'okoumé en Allemagne pour 2.000 importées en France. Il faut observer d'ailleurs que les bois tendres se substituent aux bois durs au fur et à mesure qu'on abat la forêt. De plus, il est des bois durs ou demi-durs qui peuvent remplacer les bois du Nord pour bien des usages à condition qu'ils ne coûtent pas plus cher. Les prix de nos bois coloniaux seront peu élevés, si les frais de transports maritimes ne les grèvent pas à l'excès; cela dépend des mesures que prendra le Gouvernement pour assurer, à l'avenir, les relations de la Métropole avec ses possessions.

Café. — Nous importons annuellement pour 205 millions de café étranger, soit 1.142.327 quintaux, alors que nos colonies nous en fournissent 10.492 quintaux, d'une valeur de 1.888.560 francs.

Cette différence ne peut manquer de vous frapper!

Comment! nos colonies des Antilles et de l'Afrique peuvent fournir les meilleurs cafés : la marque Martinique est connue; le café du Gabon est l'essence type du café « Robusta » que l'on produit en quantité considérable en Extrême-Orient; et malgré cela, nous exportons notre or au Brésil pour payer un produit que nous serions à même de nous fournir à nous-mêmes pour le grand profit du consommateur français! Le Gabon, Madagascar, l'Indo-Chine, la Côte-d'Ivoire, la Nouvelle-Calédonie, peuvent, sans difficultés, nous fournir en quelques années toutes les quantités que nous sommes à même de consommer et alimenter même les autres marchés européens. C'est l'une des denrées pour la production de laquelle le Gouvernement devrait intervenir sans une minute de retard. En quatre ou cinq ans, il aurait des résultats appréciables!

Cacao. — La situation est à peu près la même pour le cacao que pour le café; nous en importons annuellement pour 47.074.475 francs (268.997 quintaux), alors que nos colonies nous fournissent seulement 7.106 quintaux d'une valeur de 1.243.550 francs. Nos colonies d'Afrique Occidentale et Équatoriale pourraient cependant nous alimenter complètement. Le Gabon est situé à quelques kilomètres de l'Ile de Santomé qui exporte environ 37.000 tonnes de cacao par an, la plus forte production du monde après celle de la Gold Coast. La Côte-d'Ivoire est voisine de cette colonie anglaise qui, en quelques années, est devenue le plus fort producteur de cacao du monde entier. Ce résultat a été atteint, en Gold Coast, à l'aide d'une production uniquement indigène habilement stimulée par l'initiative de l'Administration anglaise. En quelques années, les Allemands étaient parvenus à produire au Cameroun plus de 5.000 tonnes de cacao, alors que le Gabon en vingt ans n'a pu atteindre le chiffre de 100 tonnes. On ne peut s'empêcher d'un mouvement de tristesse en comparant ces chiffres!

Il n'est pas possible qu'après la guerre une telle infériorité subsiste.

Vins. — Nous importons 117 millions de vin sur lesquels, il est vrai, il y a 28 millions de vins de liqueurs que nos colonies ne seraient peut-être pas en état de fournir. Pour le surplus, rien ne paraît s'opposer à ce que nos possessions de l'Afrique du Nord se substituent aux propriétaires espagnols pour alimenter notre commerce national des vins de coupage qui lui sont nécessaires.

Caoutchouc. — Nos importations de caoutchouc représentent une valeur de 103 millions (13.000 tonnes). Nos colonies nous fournissent 2.390 tonnes valant 19 millions. Le succès des plantations d'Evéah en Indo-Chine doit nous encourager à étendre leur importance en même temps qu'un effort plus grand du côté de la cueillette en Afrique doit nous aider à nous passer peu à peu des importations d'origine étrangère.

Lin. — Nous en importons pour 104 millions. Il y a de ce côté un gros effort à tenter pour substituer l'Afrique du Nord et l'Indo-Chine à nos fournisseurs étrangers.

Légumes. — Nos importations de légumes s'élèvent à 85 millions, chiffre considérable pour un pays où la culture maraîchère est faite avec tant d'habileté et de succès. Pour ces légumes encore, l'Afrique du Nord et l'Indo-Chine devraient nous permettre de nous passer des concours étrangers.

Pâte à papier. — Nos achats s'élèvent à 67 millions, alors que nous devrions, pour ce produit, être les fournisseurs de l'étranger et non ses clients. Notre Empire colonial nous permettrait d'être un des premiers fabricants de pâte à papier du monde entier. Notre domaine forestier, les trésors en bambous, palmiers, bananiers, papyrus, alfa, qu'il contient, nous fournissent la matière première que les industriels français pourraient traiter sur place dans des conditions de prix de revient exceptionnelles pourvu que les capitaux nécessaires soient mis à leur disposition. Dans la presque totalité de nos possessions nous avons la possibilité d'installer de grandes usines pour la fabrication de la pâte à papier; abstraction faite de l'Afrique du Nord, il n'existe, à notre connaissance, que deux petites usines en Indo-Chine qui aient entrepris cette industrie lucrative et qui répond incontestablement à des besoins pressants de la Métropole.

Je ne voudrais pas poursuivre trop loin cette énumération; néanmoins, il convient de vous citer encore un certain nombre de produits dont la Métropole pourrait être très utilement approvisionnée par l'entremise de ses colonies, et dont elle a, bien à tort, négligé d'encourager la production.

Nous achetons pour 40.807.000 francs de tabac à l'étranger; alors que nos colonies nous en fournissent seulement pour 1.300.000 francs;

Pour 22.000.000 francs de tourteaux pour une production coloniale de 25.000 francs;

Pour 26.000.000 francs de poissons pour une production coloniale de 4 millions (morue non comprise).

Pour 16.880.000 francs de beurre pour une production coloniale de 900 francs;

13.000.000 francs de poils pour 400.000 francs de provenance coloniale. Peut-on croire à une telle pénurie de poils sur 1 milliard d'hectares du globe?

16.490.000 francs de citrons et d'oranges pour 790.000 francs de provenance coloniale! Se douterait-on que le Jardin des Hespérides nous appartient!

30.000.000 francs de son pour 3.261.000 francs;

10.260.000 francs de bananes pour 21.000 francs;
8.000.000 de piassava pour 50.000 francs.

J'arrête cette impressionnante nomenclature. Elle suffit pour vous édifier sur l'indifférence dont nous avons fait preuve jusqu'à présent en matière économique et sur notre méconnaissance profonde de nos ressources coloniales.

Sans doute nous n'arriverons pas à substituer complètement nos produits aux 4.715 millions de produits étrangers qui servent à alimenter actuellement notre industrie. Nos colonies ne nous fourniront pas tout le lin, toute la soie, tout le bois, tout le jute dont nous pouvons avoir besoin. Par contre, nous pouvons transformer notre rôle d'importateur en rôle d'exportateur pour certains produits coloniaux tels que les produits oléagineux, les minerais, le café, le cacao, la pâte à papier, les tourteaux, les bananes, etc.

Ce renversement de l'état des choses actuel ne pourra pas évidemment être obtenu du jour au lendemain, et ce n'est pas durant l'année qui suivra la guerre que, subitement, nous cesserons d'acheter à l'étranger toutes les matières premières nécessaires à notre industrie. C'est la grande objection que l'on me fait; j'y réponds sans trouble : il suffit que l'effort soit immédiatement préparé et que ses résultats puissent être escomptés, pour que notre situation se trouve profondément améliorée. Peu importe que nos achats nous rendent débiteurs de l'étranger pendant quelques années si nous avons la certitude qu'au bout de ces années, notre balance commerciale se renversera et nous rendra créanciers des pays dont nous étions débiteurs. Il ne s'agit plus en effet, dans ce cas, que de prendre des dispositions de trésorerie, de recourir à des expédients de banque qui nous permettront d'emprunter provisoirement à nos fournisseurs les sommes que nous serons à même de leur rembourser au bout de quelque temps. On trouve toujours un prêteur, lorsqu'on a des gages sérieux à donner et qu'on peut s'engager à payer dans un délai assez rapproché.

Décidons d'exploiter notre domaine colonial; commençons à réaliser notre décision; nous nous trouverons aussitôt dans la situation du naufragé qui a pu saisir la bouée qu'on lui jette : il n'est pas encore sur la terre ferme, et, pourtant, il est sauvé!

Comment réaliser la mise en valeur des Colonies.

Je viens de vous démontrer que nos colonies pourraient jouer après la guerre, le rôle de sauveur vis-à-vis de la Métropole. Il ne suffit pas toutefois d'avoir établi que notre domaine colonial peut produire les matières premières nécessaires à l'industrie métropolitaine, et d'avoir indiqué sur quels points ces produits pourraient être recueillis; vous me demanderez encore et à juste titre, de vous démontrer qu'on peut passer à la réalisation de ces possibilités et de vous indiquer par quels moyens et quelles méthodes on y parviendra dans le plus bref délai. C'est à quoi je consacrerai la dernière partie de mon exposé.

Notre propre expérience d'une part et celle des nations qui nous ont précédés dans la voie de la mise en valeur des colonies, comme l'Angleterre et la Hollande, ou qui nous y ont suivis comme l'Allemagne, les États-Unis et la Belgique d'autre part, obligent à reconnaître qu'il n'est pas de pire erreur que le morcellement excessif des efforts et des capitaux consacrés à cette mise en valeur.

C'est une tendance générale en France, que ce morcellement excessif de toutes les entreprises? Nous devons cette tendance à notre individualisme latin, et plus encore aux préceptes des jurisconsultes qui ont introduit dans le Code Pénal un art. 419 qui proscrit et châtie toutes les ententes commerciales, et aux formules des Économistes du début du siècle dernier qui ont pris pour base de leur doctrine le précepte sacro-saint : la concurrence est l'âme du commerce.

Sans doute dans un État qui n'aurait pas à tenir compte de la concurrence étrangère, un tel principe trouve d'incontestables justifications. Mais il n'en est pas de même si son application a pour effet d'affaiblir la production nationale au profit des importateurs étrangers. Avec le développement du machinisme et toutes les complications de l'industrie moderne, les petites entreprises sont forcément en état d'infériorité.

Au respect du dogme de la concurrence poussé à l'extrême,

nous devons nos principales faiblesses, nos rivalités, nos luttes intérieures et finalement notre fréquente impuissance vis-à-vis de l'étranger dont toute l'organisation repose, au contraire, sur le principe de l'association. Il faut nous résoudre, si nous voulons être une grande nation industrielle, à briser notre vieille idole. Dans la lutte de demain, l'ordre dispersé sera fatal aux assaillants. Pour enfoncer les lignes de l'ennemi, il faudra fondre sur elles en rangs serrés et par masses compactes. C'est une révolution dans nos habitudes. Elle exige, j'en conviens, un grand effort d'abnégation. Mais lorsque nos soldats font quotidiennement le sacrifice de leur vie, avons-nous le droit de refuser à la France le sacrifice de nos goûts et de nos préférences?

Nécessité de créer de grandes entreprises.

En matière coloniale principalement, les fortes organisations sont indispensables.

Pour aboutir à des résultats favorables, il faut, en effet, pouvoir consacrer à des études préparatoires des sommes importantes; il faut pouvoir supporter les conséquences onéreuses des erreurs ou des événements imprévus qui compromettent souvent, momentanément, le succès d'une industrie; il faut pouvoir exercer sur un vaste champ son effort et assurer la continuité de celui-ci grâce à des états-majors assez nombreux pour que la perte d'un chef capable puisse être aisément réparée. C'est l'idée qui avait guidé Colbert lorsqu'il institua ces grandes compagnies de colonisation dont l'échec ne fut dû qu'à l'inaptitude de leurs chefs, à l'inexpérience des choses coloniales qui existait en France au XVIIe siècle et à la durée trop courte de l'effort que des événements politiques comme la guerre de Hollande compromirent irrémédiablement.

Il est amusant de constater combien les motifs donnés pour justifier la constitution de ces compagnies correspondent à nos préoccupations actuelles. La notice de la Société des Indes Orientales qui fut faite en 1664 par l'académicien Charpentier, disait en effet : « C'est désormais une nécessité indispensable de faire venir toutes ces choses (il s'agit des denrées coloniales) et je ne vois pas pourquoi nous les voudrions toujours recevoir de la main d'autrui et pourquoi nous refuserions de faire gagner dorénavant à nos citoyens ce que des étrangers ont gagné sur eux jusqu'ici. » Cette phrase académique pourrait servir d'épigraphe à mon exposé.

Tandis que nos grandes compagnies des Indes Occidentales ou des Indes Orientales, ainsi que la Compagnie du Levant, finissaient malheureusement, d'autres entreprises hollandaises ou anglaises avaient, à la même époque et plus tard, une fortune inouïe qui démontrait victorieusement la justesse de la conception qui avait présidé à leur organisation. La Compagnie des Indes Orientales des Provinces Unies distribuait des dividendes de 23 à 30 pour 100, et ses actions de 3.000 florins en valaient 18.000.

Au régime des Grandes sociétés, la Hollande et l'Angleterre sont restées depuis fidèles. Les États-Unis ont imité leur exemple, et l'on voit aujourd'hui dans le monde, des entreprises coloniales formidables auprès desquelles nos sociétés métropolitaines françaises elles-mêmes ne sont que des pygmées. Je me bornerai à vous citer quelques exemples.

Aux États-Unis, une société s'est fondée pour faire la plantation et la culture des bananes : cette Société « l'United Frutts » possède un capital de 230 millions ; elle a une flotte puissante de navires spécialement aménagés pour le transport des bananes : sa prospérité est extrême ; les dividendes de 17 pour 100 qu'elle distribue, ne représentent qu'une faible part de ses bénéfices. La Standard Oil, qui a des exploitations de pétrole dans tous les pays exotiques, avait, avant sa dissolution simulée, un capital de 176 millions de dollars, soit environ 880 millions de francs.

L'Angleterre a des firmes colossalement riches telle que la Firme Lipton qui exploite des champs de thé à Ceylan et dans tout l'Extrême-Orient, la Firme « Lever Brothers » dont le capital est de 600 millions et qui possède, outre ses usines du Royaume-Uni où elle fabrique le fameux savon *Sunlight*, des plantations de palmiers et de cocotiers dans le monde entier. Les Hollandais ont des sociétés pour l'exploitation du pétrole, telle que « la Royale Néerlandaise des pétroles », au capital de 100 millions de florins auquel il faut joindre celui de sa filiale anglaise la « Schell Transport et Trading C° » au capital de de 6.083.000 livres. Ces deux sociétés contrôlaient une production de 4.730.000 tonnes de pétrole. D'autres sociétés hollandaises créées pour la culture, ne sont pas moins puissantes, telle la Société Deli pour le tabac.

Pour les plantations de caoutchouc, il s'est fait en Angleterre et aux États-Unis des sociétés aussi importantes que nombreuses. Les sociétés anglaises de plantations de caoutchouc représentent dans leur ensemble un capital de 1.218.000.000 francs.

Pour vous donner une idée de leur prospérité, je vous indiquerai les dividendes distribués par vingt d'entre elles prises parmi les plus importantes, durant les deux dernières années :

Anglo Malay	52 %	60 %
Edinburgh	25 %	45 %
Golconda	25 %	40 %
Langkat Sumatra	15 %	25 %
London Asiatic	25 %	40 %
Kepongw	45 %	75 %
Selangor	100 %	162 1/2 %
Sungel Way	35 %	52 1/2 %
Battu Caves	150 %	185 %
Battu Tiga	22 1/2 %	45 %
Chembong	7 %	20 %
Damansara	27 1/2 %	42 1/2 %
Klanang	63 1/3 %	115 %
Kombok	6 1/4 %	15 %
Kuala Selangor	112 1/2 %	137 1/2 %
Rubber Est. Of Bentota	%	12 1/2 %
Rubber Est. Johore	10 %	25 1/2 %
Serdang Central	5 %	12 1/2 %
Tenom (Bornéo)	8 %	20 %
Kualalumpong	10 %	13 3/4 %

En regard de ces affaires colossales la France ne peut rien montrer qui s'en approche, même de très loin. Les plus grosses entreprises coloniales françaises (chemins de fer et banques mises à part) sont deux Sociétés minières : La Société de Mokta el Hadid et celle du Nickel dont le capital atteint 20 millions : au-dessous il n'y a guère que de la poussière d'entreprises.

Qu'on regarde la Cote Officielle de Paris, on y trouvera inscrites, en tout, 69 valeurs et 21 à la Cote en Banque, grâce encore aux valeurs algériennes, emprunts et chemins de fer coloniaux. Le tout représente moins de 1 milliard de francs alors que nous avons placé à l'étranger pour 42 milliards de capitaux français.

Si nous voulons réaliser l'effort dont dépend notre activité économique future, je considère qu'il nous faut absolument entrer dans la voie où nous ont précédé les autres puissances coloniales du monde et mettre sur pied, nous aussi, des entreprises importantes, fortement soutenues par nos établissements financiers, et sûres de trouver auprès de notre Gouvernement, en raison même de leur solidité et de leur prestige, l'appui et le concours sans lesquels toute entreprise coloniale risque de sombrer ou de végéter lamentablement.

Pour ne pas se lancer à l'aveuglette, il faudrait, tout d'abord, constituer un organisme d'études et de préparation assez puissant, qui fasse avec le concours des grandes associations coloniales, des Gouvernements locaux et des hommes les mieux renseignés, l'inventaire exact des ressources à mettre en valeur, le programme des entreprises à créer, pour permettre à la France de se passer des matières premières étrangères, — programme qui comporterait l'indication des capitaux à dépenser, des surfaces à exploiter, de la main-d'œuvre à employer, des résultats à prévoir.

Ces travaux préparatoires pourraient être menés très rapidement, étant donné la documentation déjà recueillie ; on peut dire que, dans bien des cas, on trouverait déjà les matériaux à pied d'œuvre.

On serait alors en présence d'un plan d'ensemble qui permettrait de voir clair dans les ténèbres en face desquels on s'est trouvé jusqu'ici.

On saurait que, pour produire les 4.700.000.000 de matières premières indispensables à la métropole, il faut tel capital, tel domaine, telle main-d'œuvre, tel délai, — et l'on aurait chance d'obtenir tels résultats. J'aimerais mieux, quant à moi, ne pas parler des résultats. — ce langage évoquant toujours l'image du dentiste qui bat la caisse sur la place du village avec un casque doré et une robe rouge; il doit suffire de savoir que nos concurrents étrangers obtiennent de leurs colonies, à l'heure actuelle, des profits qui ne le cèdent en rien aux bénéfices des anciens trafiquants d'épices du XVe et du XVIe siècles — et de se dire qu'il n'y a point de motif pour qu'en France, nous soyons moins habiles et moins heureux qu'eux.

La seule cause d'un échec serait dans l'insuffisance des moyens d'action, — et c'est pourquoi je prévois comme première condition du succès la réalisation de grandes entreprises.

Ces grandes entreprises devront, à mon avis, s'organiser suivant deux formules différentes : tantôt pour exploiter directement, tantôt pour faire dans les régions où la propriété indigène couvre la presque totalité du sol, des entreprises de groupement qui seront, pour les exploitations indigènes, l'organe qui étudie et résoud les difficultés techniques, qui procure l'outillage mécanique dont dépendent les bas prix de revient, assure les transports, le transit, le magasinage en Europe, les débouchés commerciaux, et fournit aussi les ressources financières.

Organisation des services publics.

Comme il n'est plus possible aujourd'hui, et ce n'est pas un regret que j'exprime, de créer dans nos colonies des Compagnies à charte ayant des droits de souveraineté et la main mise sur les services publics, il faut pour que les grandes entreprises dont je viens d'envisager la constitution, puissent vivre et prospérer, que parallèlement à leur effort, se produise un effort administratif en vue d'assurer précisément l'exécution des services publics sans lesquels l'initiative privée serait impuissante. C'est parce que ce parallélisme n'a pas existé au Congo, par exemple, que le régime des compagnies concessionnaires n'y a pas donné dès le début les résultats qu'on eût pu en attendre.

Il faut tout d'abord que la sécurité, la police et la justice soient assurées dans nos possessions coloniales. Que l'assistance médicale, la lutte contre la mortalité, l'alcoolisme, les épidémies, fassent l'objet de dispositions réglementaires et d'une organisation à laquelle nos fonctionnaires coloniaux apportent tous leurs soins.

Il faudra aussi développer largement les travaux publics, l'organisation des ports, les moyens de circulation dans l'intérieur du pays : chemins de fer, routes, aménagements des rivières, etc...

Organisation du travail indigène.

Il faudra encore que l'Administration adopte en matière de réglementation et d'organisation du travail indigène une ligne de conduite qui a fait défaut jusqu'ici dans toutes nos Colonies où il semble que nous n'ayons d'autre préoccupation que de permettre aux indigènes de vivre sans travailler. Nous avons imposé le travail à tous les Français et toute notre législation tend à rendre, sur le continent, l'oisiveté impossible : enseignement obligatoire, service militaire, impôt, loi sur le vagabondage, tout contraint les Français dès le plus jeune âge à s'astreindre à l'obligation féconde et moralisatrice du labeur quotidien. A l'égard des indigènes, notre politique est toute différente. Le souvenir de l'esclavage et des durs traitements imposés jadis aux populations noires qui travaillaient aux Antilles ou aux États-Unis, a faussé complètement les idées en cette matière et nous a fait oublier que l'engagement que nous avons pris d'apporter la civilisation à des populations en retard, engagement qui fut la seule justification de notre mainmise sur une grande partie de notre domaine colonial, ne pouvait être tenu par nous qu'à la condition d'imposer aux indigènes les mêmes obligations que celles que nous imposons à tous les citoyens français.

Agriculture.

Il faut aussi que le Gouvernement se préoccupe des problèmes d'ordre agricole, forestier et minier et de toutes les études qui, dans cet ordre d'idées, sont d'intérêt général et ne peuvent être entreprises par des sociétés privées.

Qu'il n'y ait pas une direction d'agricluture au Ministère des Colonies, cela m'a toujours paru une des anomalies les plus invraisemblables qu'on puisse imaginer.

L'agriculture n'est-elle pas cependant la base essentielle de la prospérité d'un pays? Aux États-Unis, le budget du Ministère des Colonies réserve à l'agriculture plus de la moitié de ses crédits, et cela se comprend quand on songe aux lourdes dépenses qu'entraînent les jardins d'essais, les services prophylactiques et les études diverses auxquelles donnent lieu l'exploitation agricole, surtout lorsqu'il s'agit d'un domaine aussi nouveau que celui des cultures tropicales.

Transports maritimes.

Parmi toutes les questions pour la solution desquelles l'intervention du Gouvernement s'impose, la plus importante est sans nul doute, celle des transports maritimes entre la Métropole et ses colonies. Il est évident, en effet, que nous ne pouvons songer à la mise en valeur de notre domaine colonial, que si nous sommes assurés que les produits de nos colonies pourront être amenés dans la Métropole. Or, tel n'est pas le cas aujourd'hui. L'exploitation d'un très grand nombre de produits des colonies est rendue impossible par suite de l'incapacité dans laquelle ces colonies se trouvent d'exporter ces produits. Elles ne peuvent compter ni sur les quantités de tonnage qui leur seraient nécessaires, ni sur des prix de transport assez bas pour leur permettre de faire concurrence sur le marché français aux produits similaires de provenance étrangère. On n'a jamais voulu aborder ce problème de front, ni prendre les dispositions, même onéreuses qui eussent été nécessaires pour en obtenir la solution. On a recouru à des procédés hybrides telles que les subventions postales pour encourager nos Compagnies de navigation à diriger leurs bateaux vers nos ports coloniaux; mais, ces modes d'encouragement se sont montrés péremptoirement insuffisants. Il n'est pas possible d'imposer à une entreprise privée d'aller chercher du frêt en un port colonial plutôt qu'en un port étranger où elle sait qu'elle trouvera un fret plus avantageux. Il n'y a, le bon sens l'indique, qu'un moyen de solutionnner ce problème : c'est de mettre à la charge de l'État les risques d'une telle opération, c'est de créer des services publics du même genre que nos chemins de fer, dotés d'une garantie d'intérêt qui permette à l'entrepreneur de couvrir les risques d'une opération qui aura été créée, non dans un but commercial, mais dans un but d'intérêt général. Si sur notre territoire nous avions laissé à l'initiative privée les risques de la construction et de l'exploitation du réseau ferré destiné à assurer à l'intérieur du pays la circulation des marchandises, nous n'aurions aujourd'hui que les voies dont l'exploitation pouvait être bénéficiaire pour les entrepreneurs de chemins de fer : on a chiffré leur étendue à 5.000 kilomètres. Si nous avons aujourd'hui, plus de 40.000 kilomètres de voies ferrées intérieures, c'est parce que le Gouvernement a jugé que les intérêts généraux du commerce devaient être mis au-dessus des intérêts des entrepreneurs et qu'il est intervenu de diverses façons, notamment en garantissant aux Compagnies de chemins de fer un intérêt pour le capital qu'elles engageaient. Il est indispensable de procéder de la même façon pour assurer les relations maritimes entre la Métropole et ses possessions. *Si l'État ne se décide point à entrer dans cette voie,* et à assurer ces relations, *il est inutile*, excusez-moi de le dire si brutalement mais j'exprime une conviction absolue, *que nous conservions nos Colonies :* elles ne seront pour nous qu'une charge et nos dépenses ne serviront qu'à enrichir nos concurrents étrangers qui se jetteront sur elles et en accapareront tous les profits, comme ils commençaient à le faire au moment où la guerre a éclaté. Qu'on n'oublie pas qu'à cette époque plus de 2.500 navires austro-allemands, totalisant un tonnage de 4 millions de tonnes, circulaient dans les ports de nos vieilles ou jeunes colonies, et que pour trois d'entre elles : l'Indo-Chine, le Gabon, et le Dahomey, le tonnage des bateaux allemands dépassait sensiblement celui des bateaux français.

En dehors de l'intervention des pouvoirs publics dans les divers ordres d'idées que je viens d'énumérer, intervention qui ne présente de nécessité tout à fait immédiate qu'au point de vue de la main-d'œuvre et des transports maritimes, il y a, pour que la création des grandes entreprises coloniales soit possible et réussisse, quelques autres conditions encore à prévoir.

Formation d'états-majors.

Il faut assurer à ces affaires le personnel dirigeant qui peut les conduire au succès. Depuis quelques années on doit reconnaître qu'heureusement il s'est formé des états-majors au courant des choses coloniales, composés de gens sérieux, honnêtes, intelligents, actifs et dévoués. Grâce à leur expérience, on pourra éviter les erreurs qui menèrent à la ruine les sociétés de colonisation du temps de Louis XIV.

Néanmoins ces états-majors ne sont pas assez nombreux : ils ont besoin d'être renforcés; il nous faut une école préparatoire aux emplois coloniaux; il nous faut aussi le concours d'hommes d'expérience et de savoir pris dans le cadre de l'industrie métropolitaine; mis au courant des questions coloniales par ceux qui y ont déjà acquis une longue expérience, ils s'adapteront bien vite aux milieux nouveaux dans lesquels ils seront transplantés et serviront à constituer l'élite qui assurera le succès des entreprises nouvelles.

Moyens financiers.

Il faut enfin des moyens financiers puissants, extrêmement puissants!

Malgré les besoins énormes de capitaux qui se manifesteront après la guerre, je pense que jamais le moment n'aura été plus opportun pour obtenir en faveur de notre domaine colonial les appuis financiers qui lui sont nécessaires.

Nos grands établissements de crédit ont, m'a-t-on affirmé, beaucoup à se faire pardonner; ils ont exporté depuis dix ans l'épargne française dans des pays où elle ne paraît pas se féliciter outre mesure d'être allée. Voici l'importance des placements de valeurs étrangères en France depuis 1904 :

1904	1.200 millions.
1905	1.500 »
1906	1.610 »
1907	998 »
1908	1.100 »
1909	1.600 »
1910	2.900 »
1911	1.997 »
1912	1.550 »
1913	1.500 »
Soit au total	15.755 millions.

Un colonial ne peut s'empêcher d'un mouvement d'irritation en songeant qu'une partie de ces capitaux auraient pu être consacrée à la mise en valeur de notre empire d'outremer, ce qui nous mettrait, à l'heure actuelle, à l'abri des préoccupations de change que nous éprouvons et que nous éprouverons plus encore après la guerre !

Quoi qu'il en soit, il paraît douteux qu'à la fin des hostilités les établissements de crédit reprennent leur politique de placements à l'étranger. Il faudra donc qu'ils exercent leur industrie de placement sur le marché national, et sur celui-ci il y aura, je crois, peu de valeurs aussi attrayantes pour eux que celles des grandes entreprises que je viens d'indiquer.

Les excuses qu'ont invoquées nos établissements pour expliquer leur désintéressement des placements coloniaux, ont été de deux sortes. « Les entreprises coloniales, disaient-ils, sont généralement compromises par l'indifférence et même l'hostilité du Gouvernement français ; c'est pourquoi nous avons recommandé les placements à l'étranger où l'initiative privée rencontre plus d'appui et de bienveillance.

« Les entreprises coloniales sont, d'autre part, de trop peu d'importance pour permettre à un établissement financier de couvrir ses frais d'émission et de placement. »

Au lendemain de la guerre, nous ne pouvons croire que l'hostilité administrative dont on s'est plaint, non sans quelque fondement, persiste, et le programme de grandes entreprises coloniales que nous venons d'exposer brièvement, répond par avance à l'objection faite par les banquiers concernant l'importance trop réduite des émissions coloniales.

J'ajoute qu'au concours des établissements financiers qui constitueront le capital actions des futures sociétés coloniales, il faudra, à mon avis, que s'ajoute le concours de la Banque de France ou du Crédit Foncier et du Gouvernement. A côté du capital actions, il faudra un capital obligations ou des ouvertures de crédit à long terme auxquelles il sera peut-être nécessaire que la Banque de France donne son appui en obtenant s'il le faut la garantie de l'État pour se couvrir des risques éventuels que lui ferait supporter le non-remboursement de ses avances. La garantie que l'État pourrait fournir en cette matière serait certainement moins onéreuse pour lui que les encouragements ou subventions diverses qu'il a toujours accepté de donner quand il s'agissait d'aider au développement d'entreprises d'un intérêt général. La perte qu'il pourrait subir du fait du non-remboursement des avances garanties par lui, serait peu de chose en comparaison de ce qu'il ferait gagner au pays en le mettant à l'abri d'un change désastreux. Je crois avoir démontré, dans un article récent, que cette économie se chiffrait par un nombre respectable de milliards.

Si nous devions continuer nos méthodes anciennes d'achat à l'étranger sans intervention de nos colonies et supporter sur des achats s'élevant à 10 milliards pendant 5 ou 10 ans un change de 15 ou 20 %, ce serait pour la France une perte de 8 à 20 milliards. Qu'on mette ce chiffre en regard du risque éventuel que l'intervention de l'État dans les avances faites aux entreprises coloniales peut lui faire éprouver, et l'on verra la disproportion qui existe entre ces risques et le danger dont il est menacé d'autre part.

Conclusions.

Je vous ai décrit les difficultés d'approvisionnement en présence desquelles l'insuffisance de nos ressources en or et notre situation débitrice vis-à-vis de l'étranger allait nous mettre après la guerre. Je vous ai montré le rôle libérateur que nos colonies pouvaient jouer en cette circonstance.

J'ai établi que le sol et le sous-sol de nos possessions leur permettait de fournir à la Métropole la plus grande partie des matières premières nécessaires à son industrie, à la condition que l'on créât à cet effet des entreprises puissantes, très fortes financièrement, et que l'État leur donnât son appui au point de vue du crédit, de la main-d'œuvre et des transports maritimes.

J'ai montré que la marche à suivre comportait un plan général préalable en vue de déterminer les productions à réaliser, le capital et la main-d'œuvre nécessaires.

Cela fait, les hommes d'initiative n'auront plus qu'à se partager la besogne: ils ont le droit de penser que leurs entreprises rendront non seulement service au pays, mais qu'elles seront aussi pour eux la source de larges profits.

Si l'élan n'est pas donné par les particuliers, il faudra qu'il vienne de l'État. Ce ne sera pas une nouveauté. Il faudra qu'il procède comme il l'a fait dans la crise que nous avons traversée au début de la guerre, lorsqu'il s'est agi, du jour au lendemain, d'approvisionner nos armées de tout ce qui leur faisait défaut en matériel, munitions et fournitures diverses.

Le Ministère de la Guerre a fait alors appeler les industriels de bonne volonté et leur a tenu ce langage : « Notre armée manque de canons, de munitions, de produits chimiques, de subsistances diverses; les arsenaux et les usines de l'État sont insuffisants pour produire ces approvisionnements; je demande à l'industrie privée de m'aider. Qu'elle transforme ses usines et que grâce à ses capacités techniques et à sa bonne volonté, elle nous mette en quelques mois à même de tenir tête à l'agression allemande. S'il vous faut du personnel et des capitaux, ne vous en préoccupez pas, je m'engage à vous les procurer. Pour le reste, je compte sur vous ».

Le résultat obtenu, vous le connaissez. Il a été remarquable. Nous lui devons la situation actuelle de nos armées. Qu'on fasse de même pour les munitions de la paix. La situation n'est pas moins grave ni moins périlleuse. Que le Ministre des Colonies, pourvu des renseignements recueillis par l'organisme dont j'ai préconisé la création, réunisse autour de lui, à bref délai, les gens sérieux, expérimentés et de bonne volonté, et qu'il leur dise : « La France ne peut payer à l'étranger les matières premières qui sont indispensables à son industrie pour reprendre sa vie ; il faut donc que ces matières premières soient fournies par nos colonies. Je mettrai à votre disposition les ouvriers et les capitaux, apportez-moi les produits. »

A cet appel, je suis convaincu que nos industriels ne resteraient pas sourds. L'expérience d'hier en est un sûr garant. Il suffit, j'en ai la conviction, de vouloir réaliser ce programme pour qu'il soit réalisé. C'est pourquoi il faut dire et répéter partout, Messieurs, qu'un tel effort est indispensable autant que le fût celui auquel nous devons notre magnifique résistance, et nous devrons demain notre définitive victoire militaire.

Il faut dire et répéter que notre victoire économique dépend de la mise en valeur de notre Empire colonial et ne peut être assurée que par elle.

Cette mise en valeur, nous la devons d'ailleurs, à la mémoire des grands Français qui ont formé l'idée coloniale dans notre pays, et construit, pierre par pierre, l'admirable édifice de notre Empire d'outremer : à Cartier, à Champlain, à Richelieu, à Colbert, à Dupleix, à la Bourdonnais, à Lally-Tollendal, à Bugeaud, à Faidherbe, à Paul Bert, à Jules Ferry et à Étienne.

Nous la devons aux mânes des Courbet, des Borgnis-Desbordes, Francis Garnier, Rivière, Flatters, Mizon, Crampel, Lamy, Ballay, Brazza, tombés glorieusement pour la « plus grande France ».

Nous la devons aux populations indigènes auxquelles nous avons promis les bienfaits de la civilisation et qui, dans un extraordinaire élan de loyalisme nous ont envoyé 200.000 soldats pour défendre notre territoire envahi.

Nous la devons à nos enfants auxquels il nous faut donner non seulement une France plus prospère, mais aussi un nouvel idéal national à réaliser.

Notre génération a eu l'idéal de la Revanche, au souffle duquel se sont formées les âmes en qui viennent de se réveiller si magnifiquement les grandes aspirations de leur enfance.

Ce n'est plus vers les Vosges que se fixeront les regards des générations futures. Il faut, pour qu'elles restent dignes de leurs ancêtres et qu'elles conservent en elles les vertus généreuses et les nobles élans qui, malgré ses erreurs et ses fautes, font de notre pays la plus grande des nations, qu'elles reportent leur horizon au delà des limites de notre continent un peu usé par une trop vieille civilisation.

L'essor de notre peuple vers la colonisation achèvera en lui la transformation intellectuelle et morale que la guerre a déjà commencée.

Grâce à lui, sera vivifiée la flamme de notre génie national qui eût risqué de s'obscurcir dans l'ère d'automatisme industriel où nous allons être contraints d'entrer après la guerre pour ne pas rester en arrière de nos concurrents.

Grâce à lui, les luttes fraternelles nous paraîtront plus mesquines, l'égoïsme de classe plus haïssable, — et nous sentirons davantage le prix de la solidarité, de la bienveillance, de l'énergie et de la saine ambition. Ce n'est pas là, croyez-le, simple formule de rhétorique. Ceux qui ont connu les longues méditations de la brousse et les nuits de solitude sous la voûte des forêts mystérieuses, se rappelleront les idées novatrices ou généreuses qui peuplaient alors leur cerveau et comprendront bien ce que je veux dire.

Nous sommes à une heure où le cœur et la raison s'allient pour mieux nous faire comprendre notre devoir et notre intérêt. C'est pourquoi j'ai le ferme espoir que notre pays saura voir la route qu'il doit suivre désormais.

Quand on a souffert de sa chair et de son sang pour arracher à la mort un être qui vous est cher, l'on met une passion sauvage à le vouloir plus grand, plus fort et plus riche. Tous les Français, à l'heure présente, forment à cet égard pour leur pays un même vœu. S'ils veulent le réaliser, qu'ils regardent au delà des mers : c'est de là que viendra pour leur chère Patrie, la richesse, la force et la puissance.

TYPOGRAPHIE FIRMIN-DIDOT ET Cie. — MESNIL (EURE).

www.ingramcontent.com/pod-product-compliance
Ingram Content Group UK Ltd.
Pitfield, Milton Keynes, MK11 3LW, UK
UKHW021955260726
13994UKWH00004B/1766

9 782019 984113